INVERTEBRADOS

Escrito por Graham Meadows y Claire Vial

CONTENIDO

⌗ Dominie Press, Inc.

LOS INVERTEBRADOS

Los invertebrados son animales que no tienen espina dorsal. Más del noventa por ciento de los animales vivientes son invertebrados. Se encuentran por todo el mundo, en casi todos los **hábitats**. Varían de tamaño desde animales unicelulares hasta el calamar gigantesco que puede pesar más de dos **toneladas**.

Hay muchos diferentes grupos de invertebrados. Este libro considera unos pocos de éstos, sombreados en verde en el gráfico de abajo.

Algunos invertebrados, tales como las medusas y los gusanos, tienen cuerpos suaves. Otros, tales como los cangrejos y los caracoles, tienen cuerpos suaves protegidos por una concha dura.

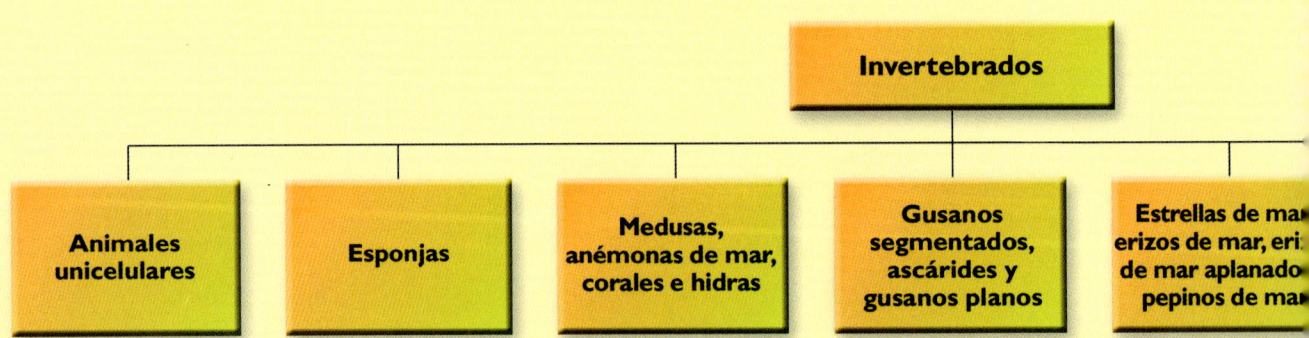

(Nota: Este gráfico no muestra todos los grupos de invertebrados).

◄ **Anémona de mar Waratah**

▼ **Babosa de hoja veteada**

Moluscos Babosas y caracoles, moluscos, pulpos y calamares	**Artrópodos**

Crustáceos, cangrejos, langostas y especies relacionadas	**Arácnidos** arañas, escorpiones y especies relacionadas	**Ciempiés, milpiés e insectos**

3

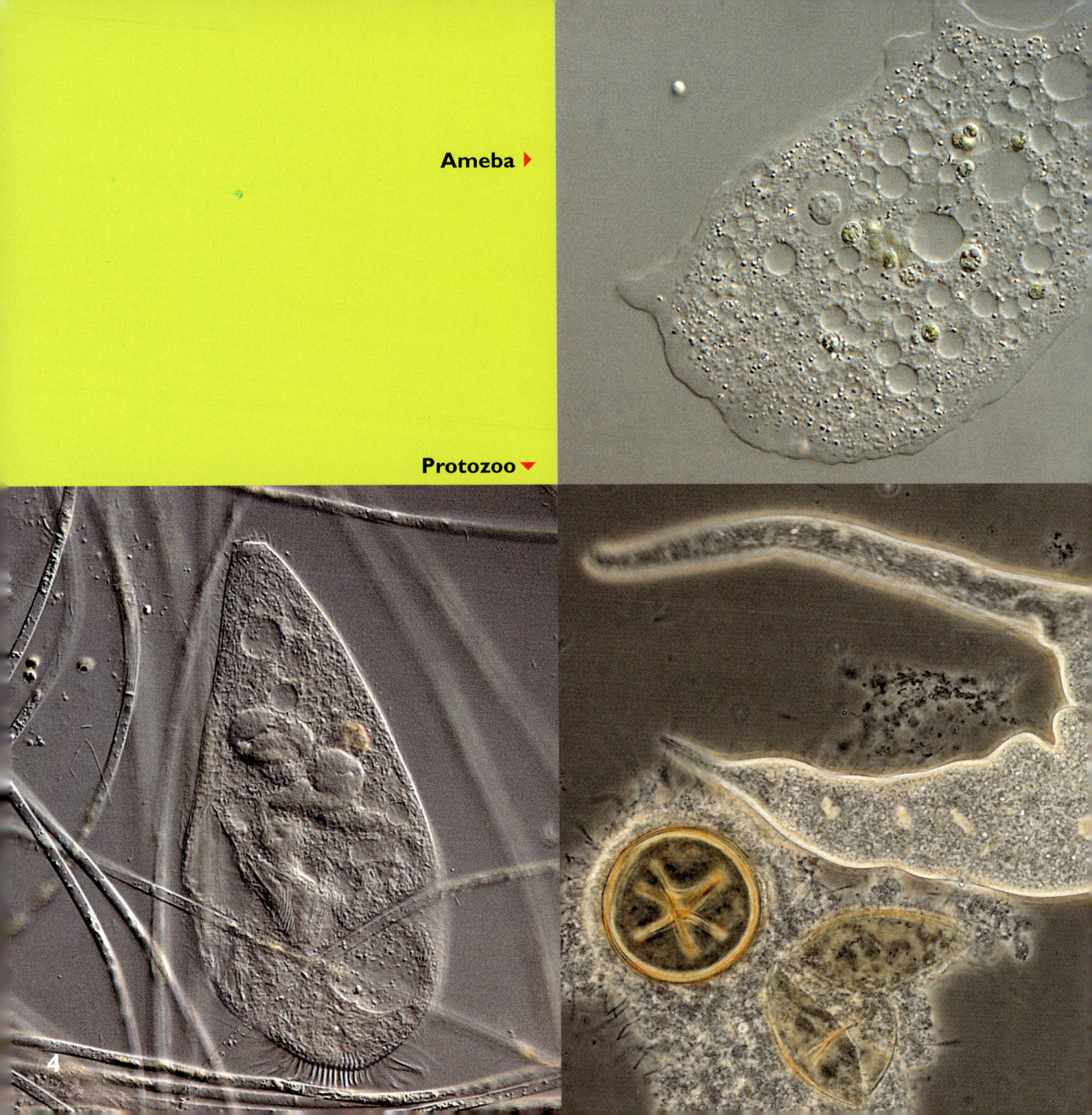

Ameba ▶

Protozoo ▼

4

ANIMALES UNICELULARES

250,000 (handwritten annotation)

Los animales unicelulares son protozoos, lo que significa "primeros animales". Hay unas 250,000 **especies** de protozoos. La mayoría es **microscópica**, lo que significa que son demasiado minúsculos para que los vea el ojo humano.

Todos los animales unicelulares necesitan un **ambiente** húmedo para **sobrevivir**. Se encuentran en el mar, en hábitats de agua dulce y en suelo húmedo. Algunos son **parásitos** que viven en el interior de los animales o las plantas. Algunos viven en el frío congelante del ártico, otros viven en las aguas de los arroyos cálidos.

Algunos animales unicelulares absorben alimento en su cuerpo. Otros se alimentan de plantas. Otros atrapan y comen otros animales minúsculos, tal como bacteria.

Todos los animales unicelulares pueden moverse. Algunos hacen esto cambiando de forma; otros nadan.

◀ **Protozoo**

ESPONJAS

4,500

Hay unas 4,500 especies de esponjas, todas las cuales son **acuáticas**. La mayoría de los tipos de esponjas vive en aguas marinas poco profundas, pero algunas viven a profundidades hasta de 2,700 pies. Algunas esponjas viven en hábitats de agua dulce.

Algunas esponjas son solitarias; otras viven en colonias. La mayoría de las esponjas permanece en un solo lugar, pero algunas se arrastran lentamente.

Las esponjas varían de forma, tamaño y color. Algunas son planas, unas parecen jarrones y otras parecen ramas. Las esponjas varían de tamaño desde una fracción de pulgada hasta seis pies de alto. Se alimentan absorbiendo agua por hoyos en el costado del cuerpo y empujándola por un hoyo en la parte superior.

Filtran plantas minúsculas y animales.

◀ **Esponja dedos amarillos**

▲ **Esponja frasco**

Medusa manchada ▶

Coral luz solar ▶

MEDUSAS, CORALES Y ESPECIES RELACIONADAS

Todas las medusas, los corales y especies relacionadas tienen brazos o tentáculos con células irritantes. Todas son **carnívoras**. Algunas especies viven solas; otras viven en grupos.

Medusas

Las medusas son animales de cuerpos blandos que flotan en el agua. La mayoría vive en el mar y tiene cuerpo con forma de campana o sombrilla. En los costados del cuerpo tiene tentáculos largos que casi siempre son venenosos.

Corales

Los corales viven en el mar. Tienen un tipo especial de esqueleto que contiene calcio. Hay dos especies de corales: coral pedregoso, tal como el coral cerebro, y coral blando, tal como el coral luz solar.

Coral cerebro ▲

Los corales pedregosos son los tipos principales de corales que forman los **arrecifes de coral**. Los corales blandos son más delicados y tienen forma de pluma.

ANÉMONAS DE MAR

Las anémonas de mar viven en el mar. La mayoría tiene cuerpo blando y tiene forma de flor. Generalmente se apega a las rocas, el fondo del mar, la vegetación o a otros animales.

▼ **Anémona de mar**

Velero ▲

ABETOS DE MAR E HIDRAS

La mayoría de los abetos de mar y las hidras son animales **marinos**, pero algunos viven en agua dulce. Algunas especies se apegan a las rocas o a la vegetación. Otras flotan en el agua.

◀ **Abeto de mar**

▲ **Gusano plano anaranjado**

◀ **Solitaria**

GUSANOS

Los gusanos son animales de cuerpos blandos. Hay muchos tipos de gusanos. Tres de los grupos de gusanos más conocidos son: gusanos planos o platelmintos, ascárides y gusanos segmentados.

Gusanos planos

Este grupo incluye las duelas (gusanos parasíticos), las solitarias y los gusanos planos. Algunos, por ser tan microscópicos, son invisibles al ojo humano. Las duelas y las solitarias son parásitos. Viven en el interior del cuerpo de las personas y los animales. Algunas solitarias pueden medir hasta cincuenta pies de largo.

Los gusanos planos no son parasíticos. Tienen un cuerpo blando y aplanado cubierto de una babaza especial o mucosidad. Se encuentran en tierra, en agua dulce y en agua marina.

Gusanos planos ▶

Ascárides

Las ascárides tienen forma de tubo, y muchas tienen extremos puntiagudos. Muchas ascárides viven en el suelo, en agua dulce y en el mar. Muchas, por ser tan microscópicas, son invisibles al ojo humano.

Algunas ascárides son parasíticas y viven en los seres humanos, los animales o en las plantas. Las ascárides que viven en los seres humanos pueden llegar a medir hasta dieciocho pulgadas de largo.

Gusanos segmentados

Este grupo de gusanos incluye los gusanos de tierra o lombrices, las sanguijuelas y muchos tipos de gusanos que viven en el mar. Tienen cuerpos segmentados.

Los gusanos segmentados se encuentran en el mar, en agua dulce y en tierra. Se alimentan de plantas y animalitos.

▼ Gusanos rojos

Ascárides ▼

14

▲ **Gusanos arbolitos de navidad**

Erizo de mar ▲

ESTRELLAS DE MAR, ERIZOS DE MAR Y ESPECIES RELACIONADAS

Todas las estrellas de mar, los erizos de mar y especies relacionadas son animales marinos que viven en el fondo del mar. Muchas especies tienen cuerpos hechos de cinco segmentos.

Estrellas de mar

Las estrellas de mar tienen piel áspera y dura. La mayoría de las estrellas de mar tienen cinco brazos, bajo los cuales hay muchos pies ambulacrales. Las estrellas de mar son carnívoras. Se alimentan de animales pequeños tales como las almejas y las ostras.

Erizos de mar

Los erizos de mar tienen una concha exterior dura y redondeada. Tienen espinas largas y cortantes para protegerse. En muchas especies estas espinas contienen veneno. Entre las espinas tienen pies ambulacrales.

Los erizos de mar son **omnívoros**. Su **dieta** incluye plantas y otros animales.

Estrella de mar rosa ▼

Brazo de estrella de ▲ mar con tentáculos

ERIZOS DE MAR APLANADOS

▲ **Erizo de mar aplanado o bizcocho de mar**

Los erizos de mar aplanados, también llamados bizcochos de mar, son aplanados en forma de disco. El disco está cubierto de espinas muy cortas. Entre estas espinas se encuentran pies ambulacrales. Los erizos de mar aplanados son omnívoros. Se alimentan de plantas y otros animales que se encuentran en la arena o el lodo.

PEPINOS DE MAR

Los pepinos de mar tienen cuerpos blandos en forma de tubo. No tienen espina dorsal, pero sí tienen pies ambulacrales. Los pepinos de mar son omnívoros. Tienen tentáculos alrededor de la boca. Usan estos tentáculos para alimentarse de plantas y animales encontrados en la arena o el lodo. También usan los tentáculos para atrapar a otros animalitos.

Pepino de mar cola de tigre ▼

▲ **Pepino de mar manzana**

Babosa de mar albaricoque ▲

Caracol de jardín ▶

MOLUSCOS

La mayoría de los moluscos tiene concha exterior dura y una pata muscular. La mayoría de las especies de moluscos vive en el mar. Algunas viven en agua dulce y otras viven en tierra.

Tres grupos de moluscos bien conocidos son: babosas y caracoles, ostras y especies relacionadas, pulpos y especies relacionadas.

Babosas y caracoles

Algunos, caracoles y babosas viven en el mar, algunos viven en agua dulce y otros viven en tierra. Todas las babosas y todos los caracoles tienen una pata muscular. La mayoría tiene concha visible. En algunas, tal como la babosa de jardín, la concha es muy pequeña y está escondida debajo de la piel. Algunas babosas que viven en el mar no tienen concha.

Almeja gigante ▲

Ostras y especies relacionadas

Las ostras y especies relacionadas incluyen mejillones, vieiras y almejas. Tienen dos conchas encajadas. Tienen una pata muscular. Algunas usan la pata para **arrastrarse** o para **excavar** en la arena.

Algunas vieiras nadan abriendo y cerrando las conchas. Las almejas, las ostras y los mejillones no se desplazan. Se apegan a las rocas. La mayoría se alimenta de animales y plantas en el agua.

Pulpos y especies relacionadas

Los pulpos y las especies relacionadas incluyen los calamares, las jibias y los nautilos. Todos tienen ocho brazos con ventosas. Las ventosas les sirven para atrapar animales. La mayoría de ellos tiene un par de ojos grandes.

▲ **Pulpo**

◀ **Jibia**

GLOSARIO

acuáticas: Animales que viven y crecen en el agua.

ambiente: Conjunto de condiciones o circunstancias que rodean un lugar.

arrecifes de coral: Rocas o bancos de coral y minerales.

carnívoros: Animales que comen otros animales.

dieta: El alimento que una persona o un animal generalmente come.

especies: Tipos de animales que tienen ciertas características físicas en común.

excavar: Hacer un hoyo.

hábitats: Lugares donde viven y crecen plantas y animales.

marinos: Relacionados con el mar.

microscópica: Muy pequeña; sólo se puede ver a través de un microscopio.

omnívoros: Animales que comen tanto plantas como otros animales.

parásitos: Animales que viven sobre otros animales y los usan para sobrevivir.

sobrevivir: Permanecer vivo.

toneladas: Una tonelada es una unidad de peso que equivale a 2,000 libras.

ÍNDICE